Tornados

por Jim Mezzanotte

Consultora de ciencias y contenido curricular: Debra Voege, M.A.,
maestra de recursos curriculares de ciencias y matemáticas

Especialista en lectura: Linda Cornwell, consultora de lectoescritura

WEEKLY READER®
PUBLISHING

Please visit our web site at **www.garethstevens.com**.
For a free color catalog describing our list of high-quality books,
call 1-800-542-2595 (USA) or 1-800-387-3178 (Canada).
Our fax: 1-877-542-2596

Library of Congress Cataloging-in-Publication Data

Mezzanotte, Jim.
  [Tornadoes. Spanish]
  Tornados / por Jim Mezzanotte ; especialista en lectura, Linda Cornwell ;
consultora de ciencias y contenido curricular, Debra Voege.
    p. cm. — (Tiempo extremo)
  Includes bibliographical references and index.
  ISBN-10: 1-4339-2358-0   ISBN-13: 978-1-4339-2358-6 (lib. bdg.)
  ISBN-10: 1-4339-2372-6   ISBN-13: 978-1-4339-2372-2 (softcover)
  1. Tornadoes—Juvenile literature.   I. Title.
QC955.2.M49318   2010
551.55'3—dc22   2009006591

This edition first published in 2010 by
Weekly Reader® Books
An Imprint of Gareth Stevens Publishing
1 Reader's Digest Road
Pleasantville, NY 10570-7000 USA

Copyright © 2010 by Gareth Stevens, Inc.

Executive Managing Editor: Lisa M. Herrington
Senior Editor: Barbara Bakowski
Creative Director: Lisa Donovan
Designer: Melissa Welch, *Studio Montage*
Photo Researcher: Diane Laska-Swanke
Spanish Translators: Tatiana Acosta and Guillermo Gutiérrez

Photo credits: Cover, title © Tim Samaras/Weatherpix Stock Images; pp. 3, 4, 8, 14, 18, 22, 24
© PhotoDisc/Extraordinary Clouds; pp. 5, 6, 9, 12 © Weatherpix Stock Images; pp. 7, 10 Scott M.
Krall/© Gareth Stevens, Inc.; p. 11 © Eric Nguyen/Jim Reed Photography/Photo Researchers, Inc.;
p. 13 © Joseph Golden/Photo Researchers, Inc.; p. 15 NOAA; p. 16 Jocelyn Augustino/FEMA; p. 17
© AP Images; p. 19 © Howard Bluestein/Photo Researchers, Inc.; p. 20 © Eric Nguyen/Jim Reed
Photography/CORBIS; p. 21 © Tom Bean/CORBIS

Printed in the United States of America

1 2 3 4 5 6 7 8 9 12 11 10 09

Contenido

Las palabras en **negrita** aparecen en el glosario.

CAPÍTULO 1

¡Viene un tornado!

El cielo se oscurece con nubes de tormenta. Se oye un ruido tremendo. Una nube con forma de tubo se extiende hasta el suelo. ¡Es un **tornado!**

El cielo se oscurece mientras un tornado avanza.

Un tornado es un viento fuerte que gira en círculo. Es capaz de desplazarse sobre el terreno con la misma rapidez que un auto.

¡Los tornados son muy ruidosos! Los vientos que giran suenan como un avión reactor, un cohete o un tren.

Este tornado se acerca a una granja en Dakota del Sur.

En Estados Unidos se producen unos mil tornados cada año. Los tornados suelen aparecer en una zona del centro de la nación llamada **Tornado Alley** (Callejón de los Tornados).

La zona que se muestra en amarillo en el mapa es el *Tornado Alley*.

CAPÍTULO 2
Cómo se forman los tornados

Los tornados nacen en grandes nubes de tormenta. Las nubes se forman cuando el aire caliente y húmedo sube.

La mayoría de las nubes de tormenta son más anchas en la parte superior que en la parte inferior.

A mayor altura, el aire húmedo se enfría. Las gotas de agua se unen y forman nubes. Las gotas se hacen más pesadas y caen en forma de lluvia.

9

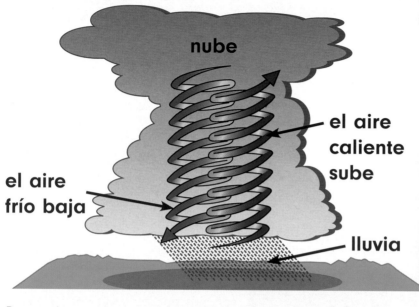

nube

el aire
caliente
sube

el aire
frío baja

lluvia

Dentro de una nube, el aire caliente sube y el aire frío baja.
Se forma un tubo de aire que gira.

La lluvia hace que baje aire frío. El
aire frío encuentra aire caliente que
sube. El aire caliente y el aire frío
empiezan a girar.

Parte de la nube crece hacia abajo. Un tubo de aire que gira se extiende hacia el suelo. Tiene forma de **embudo.**

Una nube en embudo se forma durante una tormenta en Kansas.

Cuando el embudo toca tierra, ha nacido un tornado. ¡Los fuertes vientos succionan tierra, árboles e incluso viviendas!

Las trombas no son tan anchas como los tornados.

Algunas veces, un embudo se desplaza sobre un lago o el mar. Entonces, se convierte en una **tromba.** El embudo succiona agua.

CAPÍTULO 3
Tornados letales

En algunos lugares, los tornados causan una gran destrucción. Pueden arrasar casas y otros edificios.

En Estados Unidos, el peor tornado se produjo en 1925. Este tornado destruyó poblaciones enteras, y mató a casi 700 personas.

En 1925, un terrible tornado atravesó Missouri, Illinois e Indiana, arrasando a su paso muchos lugares.

Los tornados succionan objetos y los lanzan por el aire. Este auto cayó con el techo hacia abajo en un campo.

Un tornado puede arrojar por el aire animales, personas y autos. ¡Una tromba es capaz de aspirar peces del agua y arrojarlos en tierra!

Un tornado desaparece cuando se alza del suelo. Para determinar la velocidad de los vientos del tornado, los científicos observan los daños causados.

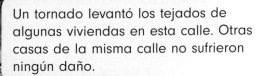

Un tornado levantó los tejados de algunas viviendas en esta calle. Otras casas de la misma calle no sufrieron ningún daño.

CAPÍTULO 4

Cómo protegerse de un tornado

Los científicos vigilan la formación de tornados. Para localizarlos, utilizan unos instrumentos especiales. También analizan fotografías tomadas desde el espacio.

Unos científicos estudian un tornado que atraviesa un campo.

Cuando aparece un tornado, las estaciones de radio y televisión dan el aviso. En algunos lugares, pueden sonar **sirenas.**

¿Qué hace la gente para protegerse en caso de tornado? Si se acerca un tornado, la gente se queda en el interior de su vivienda y se aleja de las ventanas. Algunas personas se refugian en sótanos a prueba de tornados.

Los tornados son temibles, pero es posible prepararse. Hay que estar atentos a los avisos y saber qué hacer para protegerse.

Un sótano a prueba de tormentas es un lugar seguro en caso de tornado.

Glosario

embudo: tubo que es ancho en la parte superior y estrecho en la parte inferior. Un tornado tiene forma de embudo.

sirenas: máquinas que emiten un sonido de aviso

Tornado Alley: parte del centro de Estados Unidos donde son más frecuentes los tornados

tornados: tubos de aire que gira descendiendo desde una nube tormentosa hasta tocar el suelo

tromba: tubo de viento y agua que se forma cuando un tornado pasa sobre un lago o sobre el mar

Más información

Libros

Cambios del estado del tiempo: Las tormentas. Cambios que suceden en la naturaleza (series). Kelley MacAulay y Bobbie Kalman (Crabtree Publishing, 2006)

¡Juush! ¡Ruum! Un libro sobre tornados. Ciencia asombrosa: El tiempo. Rick Thomas (Picture Window Books, 2007)

Páginas web

FEMA para niños: Tornados

www.fema.gov/kids/tornado.htm
Lean historias de tornados contadas por niños. También pueden tomar una prueba y ver un video.

Weather Wiz para niños: Tornados

www.weatherwizkids.com/tornado.htm
¡Hagan un tornado en una botella o en una jarra!

Nota de la editorial a los padres y educadores: Nuestros editores han revisado con cuidado las páginas web para asegurarse de que son apropiadas para niños. Sin embargo, muchas páginas web cambian con frecuencia, y no podemos garantizar que sus contenidos futuros sigan conservando nuestros elevados estándares de calidad y de interés educativo. Tengan en cuenta que los niños deben ser supervisados atentamente siempre que accedan a Internet.

Índice

Información sobre el autor

Jim Mezzanotte ha escrito muchos libros para niños. Vive en Milwaukee, Wisconsin, con su esposa y sus dos hijos. Siempre ha estado interesado en los fenómenos atmosféricos, especialmente en las grandes tormentas.